BEI GRIN MACHT SICH IHR
WISSEN BEZAHLT

Eröffnung eines Gesundheitsstudios. Planung, Strategie und Kalkulation

Bibliografische Information der Deutschen Nationalbibliothek:

Die Deutsche Nationalbibliothek verzeichnet diese Publikation in der Deutschen Nationalbibliografie; detaillierte bibliografische Daten sind im Internet über http://dnb.d-nb.de abrufbar.

ISBN: 9783346349637
Dieses Buch ist auch als E-Book erhältlich.

Deutsche Hochschule für

Prävention und Gesundheitsmanagement

Hermann Neuberger Sportschule 3

66123 Saarbrücken

Projektarbeit

Einsendeaufgabe „Interdisziplinäre Fitnessökonomie"

Deutsche Hochschule für Prävention und Gesundheitsmanagement

Modul	Interdisziplinär Fitnessökonomie
Studiengang	B. A. Fitnessökonomie

Note: 0,5 (Sehr gut)

Maximale Punktzahl

*gemäß Auslosung Präsenzphase

Inhaltsverzeichnis

1 Konstitutive Parameter des Gesundheitsstudios

Tab. 1: Standortfaktoren in der Fitnessbranche, Einzugsgebiete, wirtschaftliche Erfolgsaussichten (modifiziert nach Zimmermann, 2002, S. 42-45; Heinze & Römmelt, 2011, S. 6; Wöhe & Döring, 2005, S. 304)

Standortfaktoren in der Fitnessbranche	
Unternehmensstandort in Frankfurt am Main, Sachsenhausen-Nord	
Bestimmung des Einzugsgebietes bzw. der Marktgebiete:	
Größe des Einzugsgebietes (Zeit-Distanz-Methode)	**Marktpotenzial des Einzugsgebietes (DSSV, 2018, Bürgeramt FFM, 2017)**
Unmittelbares Einzugsgebiet (Marktgebiet I, bis 8 min Fahrzeit)	729.624 Einwohner x 10 % = 72.962 potenzielle Mitglieder / Kunden
Mittelbares Einzugsgebiet (Marktgebiet II, bis 15min Fahrzeit)	1.500.000 Einwohner x 10 % x 50 % = 75.000 potenzielle Mitglieder / Kunden
Siehe Anhang 1	∑ 147.962 potenzielle Mitglieder / Kunden

Informationsquellen: Für die Definition des Marktgebietes sind sich die Empfehlungen des DSSV Arbeitgeberverbandes deutscher Fitness- und Gesundheits-Anlagen (2017) und des Deutschen Olympischen Sportbunds (2015) darin einig, dass ein unmittelbares Einzugsgebiet mit 5 bis 8 Minuten Fahrzeit mit dem Auto und ein mittelbares Einzugsgebiet mit 8 bis 15 Minuten Fahrzeit mit dem Auto zur Hauptverkehrszeit (Zimmermann, 2002) nach der Zeit-Distanz-Methode zu definieren sind. Auf die Definition eines erweiterten Einzugsgebietes (ab 15 Minuten Fahrzeit) wird auf Grund des starken Wettbewerbes im Marktgebiet und der hohen Wichtigkeit der Wohnortnähe als Kriterium für die Kaufentscheidung für 36,2% der Bundesdeutschen (FIW Forschungs-Institut Würtenberger, 2016) verzichtet. Aus kaufmännischer Vorsicht empfiehlt der DSSV trotz der Reaktionsquote von 13,3% in Hessen (DSSV, 2018) mit einem Marktpotenzial von maximal 10 % (DSSV, 2018) zu kalkulieren. Das mittelbare Einzugsgebiet (Marktgebiet II) wird mit einer Gewichtung von 50 % in die Bestimmung des Marktpotenzials einbezogen (siehe Anhang 1).

Beurteilung der wirtschaftlichen Erfolgsaussichten / erfolgsrelevanten Standortfaktoren:

Makroumfeld:

Demographische Entwicklung und Kaufkraft:

Altersgruppen im Fitnessmarkt (DSSV, 2018) und deren Kaufkraft (GfK Geomarketing, 2008)		Altersverteilung im Marktgebiet I (Frankfurt am Main) (Bürgeramt Frankfurt a. M., 2017)	
Altersgruppen	**Ø Kaufkraft**	**Einwohner / Marktpotenzial**	
Unter 20 Jahre	9,1 % mit Ø < 3.608,- €	141.507 / 14.151	
20-29 Jahre	21,3 % mit Ø 15.175,- €	99.908 / 9.991	
30-39 Jahre	19,7 % mit Ø 25.823,- €	128.147 / 12.815	
40-49 Jahre	19,2% mit Ø 26.798,- €	110.716 / 11.072	
50-59 Jahre	18,2 % mit Ø 25.167,- €	97.923 / 9.792	
Über 60 Jahre	12,5% mit Ø 20.819,- €	151.323 / 15.132	

Die **Hauptzielgruppe** des Gesundheitsstudios im mittleren Preissegment sind die **30-59 Jährigen**, die **57,1 % der Kunden im Fitnessmarkt** darstellen (DSSV, 2018) und über den **Löwenanteil der Kaufkraft** in Deutschland verfügen.

∑ **336.786** Einwohner im **Marktgebiet I** entsprechen der Zielgruppe. Das **Gesamtmarktpotenzial in der Zielgruppe sind 68.299 Kunden.**

Abb. 1: Altersaufbau in 2016 (Bürgeramt, 2017)

Tab. 1: Standortfaktoren in der Fitnessbranche, Einzugsgebiete, wirtschaftliche Erfolgsaussichten (modifiziert nach Zimmermann, 2002, S. 42-45; Heinze & Römmelt, 2011, S. 6; Wöhe & Döring, 2005, S. 304)

Standortspezifische Standortfaktoren	Gewichtung	Scoring (1-10 Punkte)	
Einzugsgebiet:			
Größe des Einzugsgebietes und Bevölkerungsdichte: Einwohner: 2.229.624, Marktpotenzial: 147.962, Hauptzielgruppe: 68.299	30 %	9/10	∑ 270
Makroumfeld:			
∑ Wirtschaftliche Faktoren	**∑ 6 %**	8/10	**∑ 48**
Kaufkraft: SK Frankfurt am Main: 26.265 €, Index: 114,2, Kaufkraft- (dichte) steigend, LK Main-Taunus-Kreis: 30.537 € (132,8), LK-Platz 5 (GFK, 2018)	(3 %)	8/10	∑ 24
Arbeitslosenquote: 5,0%, -0,6% Vorjahr (Bundesagentur für Arbeit, 2018)	(0,5 %)	4/10	+ ∑ 2
Einkommensverteilung: 62,7%, Einkommen: >3.000,- € (Bürgeramt, 2014)	(1 %)	10/10	+ ∑ 10
Soziokulturelle Faktoren: Gesundheitspositionierung stark (DSSV, 2018)	(0,5 %)	8/10	+ ∑ 4
Konsumgewohnheiten der Bevölkerung: <6,9% <1x /Woche, 31,4% 1x/Woche, 30,1% 2x/Woche, 11,1% 3x/Woche (DSSV, 2018)	(1 %)	8/10	+ ∑ 8
Mikroumfeld:			
∑ Mikroumfeld	**∑ 64 %**	/	**∑ 426**
Zielgruppen: Zielgruppe (Marktgebiet I): 336.786 → Marktpotenzial: 68.299	8 %	9/10	∑ 72
Umgebungspotenzial (Qualität und Image des Umfeldes): sehr gut	∑ 16 %	8/10	∑ 128
- Passantenstromstärke / Frequentierung: PpS: 864.000 (Ströer, 2018)	(4 %)	(6/10)	+ ∑ 24
- Nähe zu Wohnorten: 415.172 Wohnorte in Frankfurt (Bürgeramt, 2017)	(4 %)	(8/10)	+ ∑ 32
- Nähe zu Arbeitsplätzen: 679.000 Arbeitsplätze 2015 (Bürgeramt, 2017)	(4 %)	(9/10)	+ ∑ 36
- Nähe zu Einkaufsmöglichkeiten: 3,6 km bis in die Innenstadt / zur Zeil	(4 %)	(9/10)	+ ∑ 36
Kooperationsmöglichkeiten: 50.315 Unternehmen (Bürgeramt, 2017) (Unternehmen und gesundheitsorientierte Vereine)	5%	10/10	∑ 50
Wettbewerbssituation (Anzahl, Positionierung, Größe, Studiokapazität, Mitgliederzahl, Auslastung, Dauer der Marktpräsenz, Angebotsstruktur, Zielgruppen, Besitzverhältnisse, Reputation, Stärken und Schwächen): (Fitness First, PRIME TIME fitness, FITSEVENELEVEN, Pure Training etc.)	15 %	2/10	∑ 30
(Verkehrs-) Infrastruktur: gut bis sehr gut (Erreichbarkeit, Verkehrsaufkommen, öffentliche Anbindung)	3 %	8/10	∑ 24
Parkplatzsituation: Möglichkeit der Anmietung von Tiefgaragenstellplätzen	4 %	7/10	∑ 28
Grundstücke, Immobilien, Räumlichkeiten, Objektqualität (Verfügbarkeit, Größe, Grundriss, Kosten, Bauvorschriften)	4 %	8/10	∑ 32
Expansionsmöglichkeiten (Flächen und Preise): keine in der Immobilie	1 %	3/10	∑ 3
Personal (Verfügbarkeit, Qualifikation, Kosten): DHfPG in Marktgebiet I	5 %	9/10	∑ 45
Abgaben, Steuern und Subventionen (besonders Gewerbesteuerhebesatz) Ø 460 Hebesatz (IHK, 2018)	1 %	2/10	∑ 2
Auflagen und Vorschriften (Umweltschutz): Fahrverbote / Umweltzone	0,5 %	4/10	∑ 2
Transportkosten	0,5 %	6/10	∑ 3
Entsorgung (Möglichkeiten und Kosten)	0,5 %	6/10	∑ 3
Rohstoffe, Energie, Wasser (Vorkommen und Kosten)	0,5 %	8/10	∑ 4
Bewertung des Unternehmensstandortes:	**∑ 100 %**		**∑ 744 / 1000**

2 Rahmenparameter des Gesundheitsstudios

Tab. 2: Rahmenparameter des Gesundheitsstudios im mittleren Preissegment (AB: Datenblatt)

Rahmenparameter des Gesundheitsstudios im mittleren Preissegment	
Studiogröße / Flächenverteilung	Kraftbereich (500 m²), Cardiobereich (270 m²),
	Kursraum (100 m²), Club-in-Club (100 m²),
∑ Gesamtfläche 1.100 m²	Umkleiden, Toiletten (100 m²), Rezeption (30 m²)
Durchschnittliche Raumkosten pro m² (inkl. Nebenkosten)	20,50 € / m² + 2,50 € / m² Reinigungskosten
Angebotsbereiche / „Ambiente"	Kraft-, Herz-Kreislauf- und Gruppentraining
Öffnungszeiten	7:00 Uhr bis 22:00 Uhr
Kurseinheiten pro Woche	35 Kurse pro Woche + 35 Kurse (Club-in-Club)
Preisstruktur (Laufzeiten / Preise)	Mitgliedschaften: Ø Beitrag 59,- €
	(24 Monate 49,- €, 18 Monate 59,- €,
	12 Monate 69,- €), kein Startpaket
Mitgliederzahl Anfang des Jahres	3.000 Mitglieder
Mitgliederzahl Ende des Jahres (Ziel)	3.500 Mitglieder
Gehalt Festangestellte Ø Arbeitszeit = 172 Stunden / Monat	2.000,- €
Urlaub Festangestellte pro Jahr	1 Monat
Durchschnittliche Ausfallzeit Festangestellte pro Jahr	½ Monat
Gehalt Aushilfen Rezeption pro Stunde	10,- € pro Stunde
Gehalt Aushilfen Trainer pro Stunde	15,- € pro Stunde
Gehalt Aushilfen Kurstrainer pro Stunde	25,- € pro Stunde
Honorar freiberufliche Trainer pro Stunde	15,- € pro Stunde
Honorar freiberufliche Kurstrainer pro Stunde	28,- € pro Stunde
Abschlussquote	60 % Abschlussquote
Fluktuationsquote	30 % Fluktuationsquote
Mitgliederzuwachs Oktober gemäß Jahresband	13 % des Jahreszuwachses

3 Konzeptentwicklung für betreutes Milon-Zirkeltraining

3.1 Konzeptidee für betreutes Milon-Zirkeltraining (4P-Modell)

Tab. 3: Konzeptidee für betreutes Milon-Zirkeltraining gemäß des 4P-Modells bzw. der vier klassischen marketingpolitischen Instrumente (Dunker, 2006, S. 26; Pepels, 2012, S. 406; Nieschlag, Dichtl & Hörschgen, 2002, S. 583; Meffert, Burmann & Kirchgeorg, 2012, S. 385-388)

Betreutes Milon-Zirkeltraining / Zirkeltraining an Geräten	
Produktpolitik (Product):	Teilnahme an betreutem, gerätegestütztem Zirkeltraining
	Betreuungsrelation 1 zu 12, Milon-Zirkel mit 12 Stationen
	Täglich fünf Trainingseinheiten an 364 Tagen im Jahr
Kontrahierungspolitik (Price):	- Tageskarte 20,00 € (Brutto-Listenverkaufspreis)
	- 10er Karte 150,00€ (Brutto-Listenverkaufspreis)
	- 40er Karte 500,00€ (Brutto-Listenverkaufspreis)
	(als Angebot für Firmen zur Gesundheitsförderung)
Distributionspolitik (Place):	Auf separater Club-in-Club-Trainingsfläche (100 m²)
Kommunikationspolitik (Promotion):	Social Media Marketing, Krankenkassen, Firmenkooperationen

3.2 Investitionsbedarf für das Club-in-Club-Konzept

Tab. 4: Investitionsbedarf für das Club-in-Club-Konzept „Betreutes Milon-Zirkeltraining" (Teil 1)

Investitionsbedarf für das Club-in-Club-Konzept			
Investitionsobjekt	**AHK** **(netto)**	**Nutzungsdauer** **(ND)**	**Abschreibungen /** **Aufwand im Jahr 2019**
Geräteinvestitionen:			
Milon-Kraftausdauerzirkel Afa Gymnastik- und Fitnessgeräte (Bundesfinanzministerium, 1995)	**150.000,- €**	5 Jahre	30.000,- € Formel: $Abschreibungen = \frac{AHK}{ND}$ (Bieg & Kussmaul, 2009)
Σ **Geräteinvestitionen**			30.000,- €
Investitionen für Inventar:			
Laptop, Airport Afa Personalcomputer, Notebooks (Bundesfinanzministerium, 2000)	**3.000,- €**	3 Jahre	1.000,- €
Telefon (GWG)	**126,05 €**	Sofortaufwand	126,05 €
Empfangstheke Afa Verkaufstheken (Bundesfinanzministerium, 2000)	**1.428,57 €**	10 Jahre	142,86 €
Defibrillator WG der Ladeneinrichtungen (Bundesfinanzministerium, 2000)	**1.763,80 €**	8 Jahre	220,48 €
Stehtisch (GWG)	**154,62 €**	Sofortaufwand	154,62 €
Zimmerpalme (GWG)	**168,07 €**	Sofortaufwand	168,07 €
Feuerlöscher (GWG)	**41,18 €** (2 x 20,59 €)	Sofortaufwand	41,18 €
Feuermeldeanlage (GWG)	**19,13 €**	Sofortaufwand	19,13 €
Σ **Investitionen für Inventar**			1.872,39 €
Investitionen für Umbauarbeiten:			
Wandspiegel (20 m x 3 m = 60 m²) WG der Ladeneinrichtungen (Bundesfinanzministerium, 2000)	**2.940,- €** (60 m² x 49,- € / m²)	5 Jahre	588,- €
Beleuchtung WG der Ladeneinrichtungen (Bundesfinanzministerium, 2000)	**1.260,52 €** (4 x 315,13 €)	8 Jahre	157,57 €
Wandanstrich (20 m x 3 m = 60 m²)	**360,- €** (60 m² x 6,- € / m²)	Sofortaufwand	360,- €
Deckenanstrich (10 m x 10 m = 100 m²)	**600,- €** (100 m² x 6,- € / m²)	Sofortaufwand	600,- €
Σ **Investitionen für Umbauarbeiten**			1.705,57 €

Tab. 5: Investitionsbedarf für das Club-in-Club-Konzept „Betreutes Milon-Zirkeltraining" (Teil 2)

Investitionen in Anfangsschulungen:			
Investitionsobjekt	AHK (netto)	Nutzungsdauer (ND)	Abschreibungen / Aufwand im Jahr 2019
Ausbildung milon Coach (BSA)	2.013,44 € (2 x 1.006,72 €)	Sofortaufwand	2.013,44 €
Personalkosten BSA-Schulung	1.792,- € (2 x 4 Tage x 8 Std./Tag x 28€ /Std.)	Sofortaufwand	1.792,- €
Ersthelferschulung (Primeros)	41,84 € (2 x 20,92 €)	Sofortaufwand	41,84 €
Personalkosten Ersthelfer	448,- € (2 x 8 Std. x 28€ /Std.)	Sofortaufwand	448,- €
Brandschutzhelferschulung	338,- € (2 x 169,- €)	Sofortaufwand	338,- €
Personalkosten Schulung	224,- € (2 x 4 Std. x 28€ /Std.)	Sofortaufwand	224,- €
Σ Investitionen in Anfangsschulungen		Sofortaufwand	4.857,28 €
Investitionen in Zubehör und sonstige geringwertige Wirtschaftsgüter:			
Milon Chipkarten mit RFID	12.000,- € = 8.000 x 1,50 €	Sofortaufwand	12.000,- €
Erste Hilfe Notfallrucksack (GWG)	155,46 €	Sofortaufwand	155,46 €
Blutdruckmessgerät (GWG)	134,45 €	Sofortaufwand	134,45 €
Sonstige geringwertige Wirtschaftsgüter (GWG)	5.000,- €	Sofortaufwand	5.000,- €
Σ Investitionen in Zubehör			17.289,91 €
Σ Summe der Sofortaufwendungen und Abschreibungen für Investitionsobjekte im Geschäftsjahr 2019			Σ 55.725,15 €
Investitionsvolumen und Darlehenssumme:			
Σ Investitionsvolumen (netto)	Σ Investitionsvolumen (brutto)		Darlehenssumme
Σ 184.009,13 €	Σ 218.970,86 €		280.000,- €
Kapitaldienst (Jahreszins 6% des Darlehens, 100% Fremdfinanzierung):			
Darlehenssumme	Fremdkapitalzinsen		Fremdkapitalkosten 2019
280.000,- €	Effektiver Zinssatz 6% pro Jahr		16.800,- €

3.3 Mittelherkunft für die Investition in das Club-in-Club-Konzept

Die Errichtungsinvestitionen in das Club-in-Club-Konzept in Höhe von 218.970,86 € und der geschätzte Kapitalbedarf für die betriebliche Anlaufphase (variable und fixe Betriebskosten der ersten 4 Monate: 55.322,42 €) werden über ein langfristiges Bank-dahrlehen (§§ 408 ff. BGB) in Höhe von 280.000,- € mit einem effektiven Zinssatz von 6% und einer jahresendfälligen Ratentilgung in Höhe des Abschreibungsbetrages bzw. der Wertminderung der Investitionsobjekte finanziert (Olfert & Reichel, 2003, S. 314).

4 Deckungsbeitragsrechnung (Direct Costing)

Tab. 6: Deckungsbeitragsrechnung (Direct Costing) auf Teilkostenbasis (in Anlehnung an Thommen & Achleitner, 2012, S. 534-537; Wöhe & Döring, 2005, S. 1126)

Produktgruppe	Teilnahmen an betreutem Milon-Zirkeltraining (Σ 21.840 Teilnahmen/Jahr)		
Produkte	Tageskarte (T)	10er Karte (K)	Firmen 40er Karte (F)
Stückzahl	6.590	873	163
Teilnahmen	6.590 (30,17%)	8.730 (39,97%)	6.520 (29,85%)
Umsatzerlöse (brutto) der strategischen Geschäftseinheiten:			
Umsatzerlöse (brutto)	131.800,- €	130.950,- €	81.500,- €
= Stückzahl x Brutto-LVP	= 6.590 x 20,- €	= 873 x 150,- €	= 163 x 500,- €
Σ Umsatzerlöse (brutto)	Σ 344.250,- €		
Umsatzerlöse (netto) der strategischen Geschäftseinheiten:			
Umsatzerlöse (netto)	110.777,90 €	110.041,65 €	68.487,71 €
= Stückzahl x Netto-LVP	= 6.590 x 16,81 €	= 873 x 126,05 €	= 163 x 420,17 €
Σ Umsatzerlöse (netto)	Σ 289.307,26 €		
Variable Kosten der strategischen Geschäftseinheiten (Personal und Marketing):			
Personalaufwendungen der strategischen Geschäftseinheiten:			
- Personalaufwand (26,42% vom Nettoumsatz, optimal 35% vom Nettoumsatz (DSSV, 2018) $\frac{1,5\,Std. \times 28€/Std. \times Teilnehmer}{12}$	23.065,- €	30.555,- €	22.820,- €
-Σ Personalaufwand	Σ 76.440,- €		
Marketingaufwendungen der strategischen Geschäftseinheiten:			
- Marketingaufwand (DSSV, 2018) (optimal 5% vom Nettoumsatz)	5.538,90 €	5.502,08 €	3.424,39 €
-Σ Marketingaufwand	Σ 14.465,37 €		
Sonstige variable Kosten der strategischen Geschäftseinheiten:			
- Variable Kosten (Sonstiges: Roh-, Hilfs- und Betriebsstoffe, Steuerberatung, Bankgebühren, Bürobedarf):			
- Milon Chipkarten mit RFID	9.885,- €	1.309,50 €	244,50 €
= Stückzahl x 1,50 € (netto)	= 6.590 x 1,50 €	= 873 x 1,50 €	= 163 x 1,50 €
- Steuerberater nach DSSV (2018) (1,5 % vom Nettoumsatz)	1.661,67 €	1.650,62 €	1.027,32 €
- Bankgebühren nach DSSV (2018) (0,3 % vom Nettoumsatz)	332,33 €	330,12 €	205,46 €
- Bürobedarf nach DSSV (2018) (0,2 % vom Nettoumsatz)	221,56 €	220,08 €	136,98 €
Σ Variable Kosten (Sonstiges)	Σ 12.100,56 €	Σ 3.510,32 €	Σ 1.614,26 €
Σ Gesamtsumme (Sonstiges)	Σ 17.225,14 €		
Σ Summen der variablen Kosten der strategischen Geschäftseinheiten:			
Σ Summen der variablen Kosten	Σ 40.704,46 €	Σ 39.567,40 €	Σ 27.858,65 €
Σ Gesamtsumme variabler Kosten	Σ 108.130,51 €		
Deckungsbeiträge der strategischen Geschäftseinheiten:			
= Deckungsbeiträge der Produkte	Σ 70.073,44 €	Σ 70.474,25 €	Σ 40.629,06 €

Σ Summe der Deckungsbeiträge	Σ 181.176,75 €

Tab. 6: Deckungsbeitragsrechnung (Direct Costing) auf Teilkostenbasis (in Anlehnung an Thommen & Achleitner, 2012, S. 534-537; Wöhe & Döring, 2005, S. 1126)

Deckungsbeiträge der strategischen Geschäftseinheiten:

= Deckungsbeiträge der Produkte	Σ 70.073,44 €	Σ 70.474,25 €	Σ 40.629,06 €
Σ Summe der Deckungsbeiträge	Σ 181.176,75 €		

Fixe Kosten des Club-in-Club-Konzepts:

Raumkosten des Club-in-Club-Konzepts:

- Mietkosten	$\dfrac{15 \,€/qm \times 100qm}{Monat}$ $\times 12\,Monate$	Kostenrichtwert: optimal nach DSSV (2018): 16% vom Nettoumsatz	6,22 % vom Nettoumsatz 18.000,- €
- Betriebskosten (Heizung)	$\dfrac{3\,€/qm \times 100qm}{Monat} \times 12\,Monate$	Kostenrichtwert pro Monat: (DSSV, 2018): 2,50 € bis 3,00 € pro m²	3.600,- €
- Energiekosten (Strom)	$\dfrac{2,50\,€/qm \times 100qm}{Monat}$ $\times 12\,Monate$	Kostenrichtwert pro Monat: (DSSV, 2018): ab 2,20 € pro m²	3.000,- €
- Reinigungs- kosten	$\dfrac{2,50\,€/qm \times 100qm}{Monat}$ $\times 12\,Monate$	Kostenrichtwert pro Monat: (DSSV, 2018): 2,- € bis 2,50 € pro m²	3.000,- €
Σ Raumkosten des Club-in-Club-Konzepts			27.600,- €

Geräteinvestitionen:

- Abschreibungen auf Milon Kraftausdauerzirkel	30.000,- €

Investitionen für Inventar:

- Sofortaufwand für Inventar	509,05 €
- Abschreibungen auf Inventar	1.363,34 €
Σ Aufwendungen für Investitionen in Inventar	Σ 1.872,39 €

Investitionen für Umbauarbeiten:

- Sofortaufwand für Umbauarbeiten	960,- €
- Abschreibungen auf Wirtschaftsgüter der Ladeneinrichtungen	745,57 €
Σ Aufwendungen für Investitionen in Umbauarbeiten	Σ 1.705,57 €

Investitionen in Anfangsschulungen:

- Sofortaufwand für Anfangsschulungen	2.393,28 €
- Personalaufwand für Anfangsschulungen	2.464,- €
Σ Aufwendungen für Investitionen in Anfangsschulungen	Σ 4.857,28 €

Investitionen in Zubehör und sonstige geringwertige Wirtschaftsgüter (GWG):

- Sofortaufwand für Zubehör	12.289,91 €
- Sofortaufwand für sonstige geringwertige Wirtschaftsgüter (GWG)	5.000,- €
Σ Aufwendungen für Investitionen in Zubehör und sonstige GWG	Σ 17.289,91 €

Kapitaldienst für Fremdkapital (Zinssatz 6%):

- Kapitaldienst im Gründungsjahr 2019 (280.000,- € x 0,06)	
(5,81% vom Nettoumsatz, Kostenrichtwert nach DSSV (2018): optimal: 4%, maximal 6%)	16.800,- €

Tab. 6: Deckungsbeitragsrechnung (Direct Costing) auf Teilkostenbasis (in Anlehnung an Thommen & Achleitner, 2012, S. 534-537; Wöhe & Döring, 2005, S. 1126)

Σ Aufwendungen für Investitionen und Kapitaldienst		Σ 72.525,15 €
Qualitätszertifizierung nach DIN 33961:		
- Basiszertifizierungsgebühr (BSA-Zert, 2018)		2.400,- €
GEMA, VG Media und GEZ:		
- Gebühren	Kostenrichtwert (DSSV, 2018): 250,- € bis 400,- €	400,- €
Telefon und Internet:		
- Anschluss- gebühren	Kostenrichtwert (DSSV, 2018): 100,- €	100,- €
Portokosten:		
- Portokosten	Kostenrichtwert (DSSV, 2018): ab 100,- €	500,- €
Versicherungen:		
- Versicherungs- beiträge	Kostenrichtwert (DSSV, 2018): 250,- € bis 280,- €	280,- €
Σ Summe der fixen Kosten des Club-in-Club-Konzepts:		
- Σ Gesamtsumme der fixen Kosten des Club-in-Club-Konzepts		Σ 103.805,15 €
Betriebserfolg des Club-in-Club-Konzepts:		
= Betriebserfolg des Club-in-Club-Konzepts		Σ 77.371,60 €

5 Ermittlung des Stückdeckungsbeitrages

Tab. 7: Ermittlung des durchschnittlichen Stückdeckungsbeitrages

Umsatzerlös pro Stück (netto) – Variable Kosten pro Stück = Deckungsbeitrag pro Stück		
Ø Umsatzerlös pro Stück (netto):		
= Σ Umsatzerlöse (netto) / Stückzahl	= 289.307,26 € / 21.840	= 13,25 €
Ø Variable Kosten pro Stück:		
= Σ Variable Kosten / Stückzahl	= 108.130,51 € / 21.840	= 4,95 €
Ø Deckungsbeitrag pro Stück:		
= Ø Umsatz pro Stück (netto) – Ø Variable Kosten pro Stück	= 13,25 € - 4,95 €	= 8,30 €

6 Teilnehmerbedarf zur Erreichung des Break-Even-Points / Ermittlung von Gewinnschwellenmenge und -umsatz

Tab. 8: Teilnehmerbedarf zur Erreichung des Break-Even-Points (BEP) / Gewinnschwellenmenge

Gewinnschwelle / Break-Even-Point		
Gewinnschwellenmenge:		
= ∑ Fixe Kosten / Deckungsbeitrag pro Stück	= 103.805,15 € / 8,30 €	= 12.506,64 →12.507 Teilnahmen

Bei einem Absatz von 12.507 Teilnahmen am betreuten Milon-Zirkeltraining wird die Vollkostendeckung erreicht.

Gewinnschwellenumsatz:		
= Gewinnschwellenmenge x Ø Nettoumsatzerlös pro Stück	= 12.507 x 13,25 €	= 165.717,75 €

Bei einem Absatz von 12.507 Teilnahmen beträgt der Gewinnschwellenumsatz 165.717,75 €.

Kapazitätsauslastung am Break-Even-Point:		
= Gewinnschwellenmenge / Maximalkapazität	= 12.507 / 21.840	= 57,27 %

Ab einem Absatz von 57,27% der Maximalkapazität (21.840 Stück) wird die Vollkostendeckung bzw. Gewinn erzielt.

Rentabilitätsplanung / Auslastungsplanung:

Zeit und Auslastung		Fixkosten	Variable Kosten	Gesamtkosten	Umsatz (netto)	GuV–Ergebnis
Start	0%	8.650,43 €	0 €	8.650,43 €	0 €	/
1. Monat	30 %	8.650,43 €	2.702,70 €	11.353,13 €	7.234,50 €	- 4.118,63 € (V)
2. Monat	50 %	8.650,43 €	4.504,50 €	13.154,93 €	12.057,50 €	- 647,43 € (V)
Breakeven	57,27 %	8.650,43 €	5.159,14 €	13.809,57 €	13.809,81 €	/
3. Monat	70 %	8.650,43 €	6.306,30 €	14.956,73 €	16.880,50 €	1.923,77 € (G)
4. Monat	80 %	8.650,43 €	7.207,20 €	15.857,63 €	19.292,- €	3.434,37 € (G)

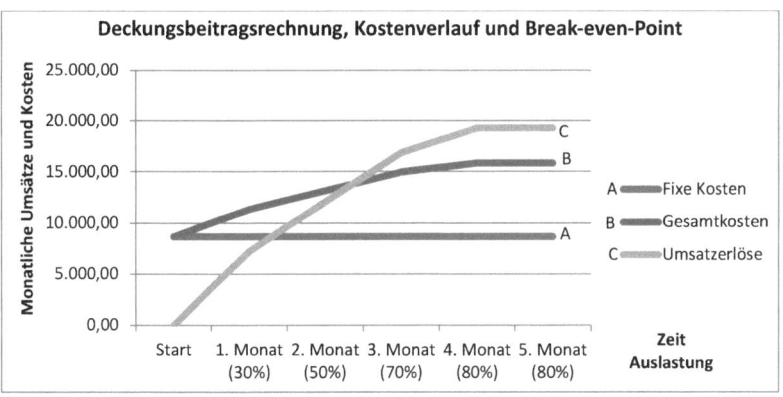

Abb. 2: Deckungsbeitragsrechnung, Kostenverlauf und Break-even-Point in Abhängigkeit der Auslastung (Break-Even-Point ist der Schnittpunkt der Umsatzerlöskurve mit der Gesamtkostenkurve im 3. Monat)

7 Mitgliederbedarf zur Erreichung des Break-Even-Points / Ermittlung des Mitgliederbedarfs für die Teilnehmerzahl

Die Kontrahierungspolitik des Club-in-Club-Konzepts (Dunker, 2006, S. 26; Pepels, 2012, S. 406; Nieschlag, Dichtl & Hörschgen, 2002, S. 583; Meffert, Burmann & Kirchgeorg, 2012, S. 385-388) und die Deckungsbeitragsrechnung (Thommen & Achleitner, 2012, S. 534-537; Wöhe & Döring, 2005, S. 1126) basieren auf der Marketingstrategie nach der „pay per use"-Methode. Der Teilnehmerbedarf zur Erreichung des Break-Even-Points liegt bei den in der Absatzplanung definierten Absatzmengen (Verteilung: 30,17 % Tageskarten, 39,97 % 10er Karten, 29,85 % Firmen 40er Karten) bei durchschnittlich 12.507 Teilnahmen. Mit der Auslastung von 57,27% der Maximalkapazität wird mit dem Gewinnschwellenumsatz von 165.717,75 € am Break-Even-Point die Vollkostendeckung bzw. Gewinnschwelle erreicht. Die Ermittlung des Mitgliederbedarfes zur Erreichung der Teilnehmerzahl von 12.507 Teilnehmern und damit des Break-Even-Points erweitert diese Betrachtung um die Berücksichtigung von Mehrfachteilnahmen von „Mitgliedern" bzw. Wiederverkäufen auf Basis der durchschnittlichen Häufigkeit der Besuche aktiv Fitnesstrainierender auf dem deutschen Fitnessmarkt im Mikrostudiosegment (DSSV, 2018, S: 52):

Tab. 9: Häufigkeit der Besuche von Mikrostudios auf dem deutschen Fitnessmarkt (DSSV, 2018, S. 52)

Kundenkategorie nach DSSV (2018, S. 52)	„Mitglieder"- Anteil nach DSSV (2018, S. 52)	Teilnahmen pro Monat (geschätzte Werte)
Nie	2,5 %	0
< 1 x pro Quartal	1,6 %	0,2
< 1 x pro Monat	2,9 %	0,5
< 1 x pro Woche	5,0 %	2
1 x pro Woche	40,9 %	4,3
< 2 x pro Woche	33,3 %	7
< 3 x pro Woche	9,4 %	10
< 4 x pro Woche	2,3 %	15
5 x oder öfter pro Woche	2,1 %	25
Σ Mikrostudiosegment	100 %	Ø 6,0174

8 Mitglieder-, Auslastungs- und Rentabilitätsplanung

Tab. 10: Mitglieder-, Auslastungs- und Rentabilitätsplanung für die betriebliche Anlaufphase

Mitglieder-, Auslastungs- und Rentabilitätsplanung:					
Monatliche Mitglieder-, Auslastungs- und Rentabilitätsplanung (Anlaufphase):					
Zeit und Auslastung	Teilnehmer	„Mitglieder"	Gesamtkosten	Umsatz (netto)	GuV–Ergebnis
Start	0%	0	0	8.650,43 €	0 €	/
Aufbau 1. Monat		546	90,74 → 91	/	/	/
1. Monat	30 %	546	90,74 → 91	11.353,13 €	7.234,50 €	- 4.118,63 € (V)
Aufbau 2. Monat		364	60,49 → 61	/	/	/
2. Monat	50 %	910	151,23 → 152	13.154,93 €	12.057,50 €	- 647,43 € (V)
Breakeven	57,27 %	1.043	173,33 → 174	13.809,57 €	13.809,81 €	/
Aufbau 3. Monat		364	60,49 → 61	/	/	/
3. Monat	70 %	1.274	211,72 → 212	14.956,73 €	16.880,50 €	1.923,77 € (G)
Aufbau 4. Monat		182	30,25 → 31	/	/	/
4. Monat	80 %	1.456	241,96 → 242	15.857,63 €	19.292,- €	3.434,37 € (G)
Aufbau 5. Monat		0	0 → 0	/	/	/
5. Monat	80 %	1.456	241,96 → 242	15.857,63 €	19.292,- €	3.434,37 € (G)
Aufbau 6. Monat		91	15,12 → 16	/	/	/
6. Monat	85 %	1.547	257,09 → 258	16.308,08 €	20.497,75 €	4.189,67 € (G)
Aufbau 7. Monat		0	0 → 0	/	/	/
7. Monat	85 %	1.547	257,09 → 258	16.308,08 €	20.497,75 €	4.189,67 € (G)
Aufbau 8. Monat		91	15,12 → 16	/	/	/
8. Monat	90 %	1.638	272,21 → 273	16.758,53 €	21.703,50 €	4.944,97 € (G)
Aufbau 9. Monat		0	0 → 0	/	/	/
9. Monat	90 %	1.638	272,21 → 273	16.758,53 €	21.703,50 €	4.944,97 € (G)
Aufbau 10. Monat		91	15,12 → 16	/	/	/
10. Monat	95 %	1.729	287,33 → 288	17.208,98 €	22.909,25 €	5.700,27 € (G)
Aufbau 11. Monat		0	0 → 0	/	/	/
11. Monat	95 %	1.729	287,33 → 288	17.208,98 €	22.909,25 €	5.700,27 € (G)
Aufbau 12. Monat		91	15,12 → 16	/	/	/
12. Monat	100 %	1.820	302,46 → 303	17.659,43 €	24.115,- €	6.455,57 € (G)

Tab. 11: Mitglieder-, Auslastungs- und Rentabilitätsplanung für die ersten drei Geschäftsjahre

Mitglieder-, Auslastungs- und Rentabilitätsplanung:					
Mitglieder-, Auslastungs- und Rentabilitätsplanung für die ersten drei Geschäftsjahre:					
Zeit und Auslastung	Teilnehmer	„Mitglieder"	Gesamtkosten	Umsatz (netto)	GuV–Ergebnis
1. Jahr	79,16 %	17.290	Ø 239,44	∑ 189.390,66 €	∑ 229.092,50 €	39.701,84 € (G)
Aufbau 1. Jahr		21.840	302,46 → 303	/	/	/
2. Jahr	100 %	21.840	302,46 → 303	∑ 211.935,66 €	∑ 289.307,26 €	77.371,60 € (G)
Fluktuation		6.564	90,9 → 91	Fluktuationsquote Gesundheitsstudio –		
Fluktuationsausgleich		6.564	90,9 → 91	Mittleres Preissegment: 30 %		
3. Jahr	100 %	21.840	302,46 → 303	∑ 211.935,66 €	∑ 289.307,26 €	77.371,60 € (G)
Fluktuation		6.564	90,9 → 91	Fluktuationsquote Gesundheitsstudio –		
Fluktuationsausgleich		6.564	90,9 → 91	Mittleres Preissegment: 30 %		

9 Erläuterungen zu Investitionsbedarfs- und Deckungs- beitragsrechnung und zur Mitgliederprognose

„Der entscheidende Unterschied der Teilkostenrechnung gegenüber der Vollkosten- rechnung besteht in der Trennung von fixen und variablen Kosten. Die fixen Kosten werden – im Unterschied zur Vollkostenrechnung – von den variablen Kosten getrennt, [und] als Fixkostenblock von der Kostenartenrechnung in die Kostenträgerzeitrechnung überführt" (Thommen & Achleitner, 2012, S. 534). Der Deckungsbeitrag ermittelt sich, indem von den Umsatzerlösen der Kostenträger die variablen Kosten abgezogen werden (Fandel, Fey, Heuft & Pitz, 2004, S. 221). Auf Grund der „pay per use"- Marketingstrategie ist die einzelne Trainingsteilnahme als Kostenträger zu verstehen. Im Rahmen der Investitionsbedarfsplanung wurde für alle Kostenarten mit realistischen Kostenwerten und Abschreibungsdauern gemäß der Afa-Tabellen des Bundesfinanz- ministeriums (1995, 2000) kalkuliert. Alle geringwertigen Wirtschaftsgüter sowie die Investitionen in (bezahlte) Anfangsschulungen (inkl. Personalkosten) und Zubehör (inkl. 5.000,- € Reserve für GWG) werden im ersten Geschäftsjahr in voller Höhe als Sofortaufwand abgeschrieben. Die Anforderungen der DIN 33961 und die Errichtungs- investition für die betriebliche Anlaufphase (55.322,42€, Gesamtkosten der ersten vier Monate) wurden im Rahmen der Investitionsbedarfsrechnung berücksichtigt. Daraus resultieren hoch angesetzte Sofortaufwendungen und Abschreibungen für Investitions- objekte für das Geschäftsjahr 2019 und eine angemessene Liquiditätsreserve zur Vermeidung finanzieller Engpässe in der betrieblichen Anlaufphase. Darüber hinaus wurden alle Kostenarten der Empfehlungen des DSSV Arbeitgeberverband deutscher Fitness- und Gesundheits-Anlagen [DSSV] (2018) mit Ausnahme der Position „Kfz" (keine Anschaffung geplant) im Rahmen der Kalkulation berücksichtigt und es wurden alle Kostenrichtwerte eingehalten. Alle Kostenarten für die der DSSV umsatzabhängige Kostenrichtwerte empfiehlt (Marketing- bzw. Werbekosten, Personalkosten, Kosten für Bankgebühren, Steuerberater, Bilanzerstellung und Bürobedarf) und die direkt zurechenbaren Kosten für Roh-, Hilfs- und Betriebsstoffe (Milon-Chipkarten) wurden als variable Kosten den strategischen Geschäftseinheiten bzw. Produkten als einzelne Kostenträger zugeordnet. Der Fixkostenblock besteht aus den Raum-, Betriebs-, Energie- und Reinigungskosten, den Kosten für die Investitionen in Geräte, Inventar, Umbauarbeiten, Anfangsschulungen, Zubehör und sonstige geringwertige Wirtschafts- güter (GWG), dem Kapitaldienst für das Fremdkapital, den Kosten für die Qualitätszertifizierung nach DIN 33961, den Kosten für GEMA, VG Media, GEZ, Internet und Telefon und Versicherungen und den Portokosten und ist von der Summe der Deckungsbeiträge zu decken (Macha, 2010, S. 170; Wöhe & Döring, 2005, S. 1126). Die Umsatzerlöse, variablen Kosten und Deckungsbeiträge der drei strategischen Geschäftseinheiten wurden bestimmt und als Produktgruppe „Teilnahmen an betreutem Milon-Zirkeltraining" in der Summe der Deckungsbeiträge zusammengefasst. Für die Ermittlung des Teilnehmer- und Mitgliederbedarfs wurde für die ganze Produktgruppe im Rahmen der Ermittlung des Stückdeckungsbeitrages ein durchschnittlicher Stück-deckungsbeitrag der drei strategischen Geschäftseinheiten in Höhe von 8,30 € (13,25 € Nettoumsatzerlös pro Stück – 4,95 € variable Kosten pro Stück) für den Kostenträger „Trainingsteilnahme" bestimmt. Aus diesem durchschnittlichen Stückdeckungsbeitrag und dem Fixkostenblock (103.805,15 €) ergibt sich eine Gewinnschwellenmenge von 12.507 Trainingsteilnahmen pro Jahr bzw. 1043 Trainingsteilnahmen pro Monat und ein Gewinnschwellenumsatz von 165.717,75 € pro Jahr bzw. 13.809,82 € pro Monat bei einer Kapazitätsauslastung von 57,27 % der Maximalkapazität von 21.840 Teilnahmen pro Jahr bzw. 1.820 pro Monat. Die Umsatz-, Auslastungs- und Rentabilitätsplanung sieht eine Erreichung des Break-Even-Points im dritten Monat nach Marktstart vor. Zur Ermittlung des „Mitgliederbedarfs" bzw. der Größe des Kundenstamms wurde von der durchschnittlichen Häufigkeit der Besuche von Fitnesstrainierenden im Mikrostudio-segment auf dem deutschen Fitnessmarkt (DSSV, 2018, S. 52) ausgegangen und mit kaufmännischer Vorsicht eine durchschnittliche Häufigkeit von 6,0174 Teilnahmen pro Monat für das Mikrostudiosegment bestimmt. Daraus ergibt sich für die Erreichung des Break-Even-Points bei der 1.043ten Teilnahme im dritten Monat ein Mitgliederbedarf von 174 Kunden und eine Maximalkapazität des Club-in-Club-Konzepts von 303 Mitgliedern bei durchschnittlicher Besuchshäufigkeit. Der geplante Absatz von 1.820 Teilnahmen pro Monat soll durch eine Vermarktungsstrategie mit verbindlichen Voranmeldungen, limitierten Teilnehmerzahlen und Gültigkeitsdauern der Teilnahme-karten und den Verkauf von Teilnahmekarten bis zum Erreichen annähernder Maximal-auslastung unter Berücksichtigung nicht in Anspruch genommener Trainingsteilnahmen bis zum Jahresende 2019 erreicht werden. Aus dem Gewinnschwellenumsatz von 165.717,75 € resultiert nach der DSSV Empfehlung (2018) von 5 % (netto) nach der „Prozent vom Umsatz" - Methode für den Aufbau der 174 Mitglieder ein Marketing-budget in Höhe von 8.285,89 € bzw. 47,62 € pro Neukunde bis zum Break-Even-Point. Nach Implementierung des Club-in-Club-Konzepts kann die Fluktuation im zweiten Jahr mit 14.465,36 € Marketingbudget und 158,96 € / Neukunde ausgeglichen werden.

10 Wirtschaftliche Erfolgsaussichten der Mitgliederprognose

Die Mitgliederprognose von 174 Mitgliedern bis zum Erreichen des Break-Even-Point (BEP) im dritten Monat nach Marktstart wird als realistisch und umsetzbar betrachtet. Der Mitgliederbedarf für den BEP entspricht einem Marktanteil von lediglich 0,12 % des mit kaufmännischer Vorsicht kalkulierten Gesamtmarktpotenzials oder einem Marktanteil von 0,26 % am Marktpotenzial der kaufkräftigen Hauptzielgruppe (im Alter von 30 bis 59 Jahren, Ø Kaufkraft: > 25.000,- €, siehe Tabelle 1). In den letzten fünf Jahren erhöhte sich der Gesamtumsatz der Fitnessbranche um 24 % (DSSV, 2017). Laut der europaweiten Fitnessstudie von Deloitte und EuropeActive „European Health & Fitness Market" hat der deutsche Fitnessmarkt, als größter Markt Europas, weiteres Wachstumspotenzial, was anhand der Penetrationsquote erkennbar ist. Während Märkte wie Norwegen (19,6 %), Schweden (16,6 %) und die Niederlande (16,0 %) deutlich höhere Penetrationsquoten aufweisen, lag Deutschland mit 11,2 % im europäischen Mittelfeld (Deloitte, 2017). Auf Basis des anhaltenden Wachstums sind DSSV, Deloitte und DHfPG zuversichtlich, dass die Fitnessbranche 2020 mehr als 12 Millionen Mitglieder zählen wird (2017, S. 1). Alle wesentlichen Indikatoren (Kaufkraft-steigerung, Bevölkerungswachstum und steigende Verwendungsintensität) für eine Erhöhung des gegenwärtigen Marktpotenzials nach Thommen und Achleitner (2012, S. 145) können als anhaltend angesehen werden. Die hohe und steigende Bevölkerungs- und Kaufkraftdichte (Marktgebiet I: 26.265,- €, Index: 114,2 und Marktgebiet II: 30.537,- €, Index: 132,8 nach GfK, 2018) und vorteilhafte Einkommensverteilung (62,7 % Einkommen: > 3.000,- € nach Bürgeramt, 2014) im Einzugsgebiet implizieren gute Erfolgschancen für eine hohe Potenzialabschöpfung durch ein hochspezialisiertes Club-in-Club-Konzept mit hoher Eigenattraktivität und Personalintensität. Das hoch-spezialisierte Angebot ermöglicht eine klare Positionierung und eine spezifischere Bedarfsbefriedigung, einen gezielten Einsatz und eine optimale Allokation der Marketinginstrumente und des Marketingbudgets, Transfereffekte und die Vermeidung von Kannibalisierungseffekten und die Abschöpfung der Konsumentenrente (Pepels, 2012, S. 52). Im Rahmen der Zielmarktfestlegung (Meffert, Burmann & Kirchgeorg, 2012, S. 302; Freter, 2008, S. 33) und der segmentspezifischen Marktbearbeitung durch eine spezialisierte Nischen- bzw. Konzentrationsstrategie (Kotler & Bliemel, 2006, S. 138) wird die Attraktivität des Mikrostudiosegments (Kotler & Bliemel, 2006, S. 452-453) anhand der Kriterien Größe (0,43 Mrd. 2017 nach DSSV, 2018), Wachstum (11,6 % in 2017 nach DSSV, 2018) und struktureller Attraktivität des Marktsegmentes und den Zielsetzungen und Ressourcen des Unternehmens als weit überdurchschnittlich und vorteilhaft bewertet. Die Attraktivität der Investition in das Club-in-Club-Konzept spiegelt sich auch in der geplanten Umsatzrentabilität von 17,33 % im Gründungsjahr und 26,74 % im zweiten Jahr (Sollwert: über 5 % nach Preißler, 2008, S. 97) und der Gesamtkapitalrentabilität von 14,18 % schon im Gründungsjahr, welche als sehr gut zu interpretieren ist (Preißler, 2008, S. 98-99). Die Gesamtkapitalrentabilität zeigt die Effizienz des eingesetzten Kapitals und die Erfolgskraft, unabhängig von der Kapitalstruktur und der Finanzierungsform (Preißler, 2008, S. 98) und impliziert sehr positive Erfolgsaussichten. Das steigende Gesundheitsbewusstsein und die sinkende Arbeitslosenquote im Makroumfeld sind ebenfalls positiv zu bewerten. Das Umgebungspotenzial wird mit einer Passantenstromstärke von 864.000 Sichtkontakten pro Jahr (Ströer, 2018) und der Nähe zu 415.172 Wohnorten, 679.000 Arbeitsplätzen, den Einkaufsmöglichkeiten auf der Zeil und 50.315 Unternehmen (Bürgeramt, 2017) als mögliche Kooperationspartner als sehr gut bewertet. Die Wettbewerbssituation wird trotz des mittleren Wertes von 11,2 Anlagen auf 100.000 Einwohner in Hessen (DSSV, 2018, S. 26) als sehr intensiv eingestuft. Die Verkehrsinfrastruktur (Erreichbarkeit, öffentliche Anbindung), die Parkplatzsituation und die Personalverfügbarkeit und -qualifikation (DHfPG in Marktgebiet) rechtfertigen die hohen Raum- und Personalkosten sowie den hohen Gewerbesteuerhebesatz (460 nach IHK, 2018) am Standort (siehe Tabelle 1). Auf Grund der Anbindung des Club-in-Club-Konzepts an das etablierte Gesundheitsstudio werden positive Synergie- und Transfereffekte erwartet, die das Erreichen der benötigten 172 „Mitglieder" bis zum Break-Even-Point innerhalb der ersten drei Monate unterstützen sollen. Die Fremdkapitalaufnahme (280.000,- €) sieht über die Errichtungsinvestitionen (218.970,86 €) und die zwei Verlustmonate (Summe: 4.766,06 €) eine Liquiditätsreserve in Höhe von 56.263,08 € für die betriebliche Anlaufphase vor für den Fall („Worst-Case"-Szenario), dass das umsatzbezogene Marketingbudget von 47,62 € pro Neukunde (5 % des Nettoumsatzes nach DSSV, 2018) ohne Nachfinanzierungsmöglichkeiten bis zum Erreichen des Break-Even-Points für weitere Eröffnungswerbung aufgestockt werden muss. „Die Deckungsbeitragsrechnung eignet sich zur Beurteilung der Erfolgssituation" (Thommen, & Achleitner, 2012, S. 535) und zeigt in Kombination mit den Prognosen das schnelle Erreichen des BEP. Die Anpassungen am Club-in-Club-Konzept sind bereits Bestandteil der Planung, die weitere Kostenarten im Rahmen der Deckungsbeitragsrechnung berücksichtigt. Das Feedback der Jury und des Plenums zur Konzeption war sehr positiv und von Applaus gekrönt und die gestellten Fragen konnten alle zufriedenstellend beantwortet werden.

11 Literaturverzeichnis

Bieg, H. & Kussmaul, H. (2009). *Externes Rechnungswesen. [mit BilMoG-Aktualisierungsdienst]* (Lehr- und Handbücher der Betriebswirtschaftslehre, 5., vollst. überarb. und aktualisierte Aufl.). München: Oldenbourg.

Bundesagentur für Arbeit (Hrsg.). (2018). *Statistik nach Regionen – Bund, Länder und Kreise – Hessen – Frankfurt am Main Stadt.* Zugriff am 21.11.2018. Verfügbar unter https://statistik.arbeitsagentur.de/Navigation/Statistik/Statistik-nach-Regionen/Politische-Gebietsstruktur/Hessen/Frankfurt-am-Main-Stadt-Nav.html

Bundesfinanzministerium (Hrsg.). (1995). *Afa-Tabelle für den Wirtschaftszweig „Heil-, Kur-, Sport- und Freizeitbäder".* Zugriff am 16.11.2018. Verfügbar unter http://www.bundesfinanzministerium.de/Content/DE/Standardartikel/Themen/Steuern/Weitere_Steuerthemen/Betriebspruefung/AfA-Tabellen/1995-05-09-afa-25.pdf?__blob=publicationFile&v=1

Bundesfinanzministerium (Hrsg.). (2000). *Afa-Tabelle für die allgemein verwendbaren Anlagegüter („AV").* Zugriff am 17.11.2018. Verfügbar unter http://www.bundesfinanzministerium.de/Content/DE/Standardartikel/Themen/Steuern/Weitere_Steuerthemen/Betriebspruefung/AfA-Tabellen/2000-12-15-afa-103.pdf?__blob=publicationFile&v=1

Bürgeramt Frankfurt am Main (Hrsg.). (2014). Verteilung der Arbeitsentgelte in Frankfurt und den Frankfurter Stadtteilen 2013. *Statistik Aktuell, 27,* 1-4.

Bürgeramt Frankfurt am Main (Hrsg.). (2017). *Statistisches Jahrbuch 2017 – Melderegister - Bevölkerung.* Zugriff am 18.11.2018. Verfügbar unter https://www.frankfurt.de/sixcms/media.php/678/JB2017_2_Bevölkerung.pdf

Deloitte (Hrsg.). (2017). Deutsche Fitnesswirtschaft mit hoher Dynamik. Zugriff am 25.11.2017. Verfügbar unter https://www2.deloitte.com/de/de/pages/presse/contents/deutsche-fitnessbranche-mit-hoher-dynamik.html

Deutscher Olympischer Sportbund e.V. – Geschäftsbereich Sportentwicklung – Ressort Präventionspolitik und Gesundheitsmanagement (Hrsg.). (2015). *Das Fitness-Studio im Sportverein, Planung – Realisierung – Betrieb – Ein Leitfaden* (2., überarb. Aufl.). Frankfurt am Main: DOSB.

DSSV Arbeitgeberverband deutscher Fitness- und Gesundheits-Anlagen (DSSV) (Hrsg.). (2016). *Eckdaten der deutschen Fitnesswirtschaft 2016.* Hamburg: Sportstudio Verlag.

DSSV Arbeitgeberverband deutscher Fitness- und Gesundheits-Anlagen (DSSV) (Hrsg.). (2017). *Pressemitteilung – Eckdaten der deutschen Fitnesswirtschaft 2017 – Erstmals mehr als 10 Millionen Mitglieder in Fitness-Studios.* Hamburg: Sportstudio Verlag.

DSSV Arbeitgeberverband deutscher Fitness- und Gesundheits-Anlagen (DSSV) (Hrsg.). (2018). *Eckdaten der deutschen Fitnesswirtschaft 2018.* Hamburg: Sportstudio Verlag.

DSSV Arbeitgeberverband deutscher Fitness- und Gesundheits-Anlagen (DSSV) (Hrsg.). (2018). *Existenzgründung – Allgemeine Informationen – Erstellung eines Businessplans / Unternehmenskonzepts.* Zugriff am 16.11.2018. Verfügbar unter https://www.dssv.de/existenzgruendung/allgemeine-informationen/businessplan/

DSSV Arbeitgeberverband deutscher Fitness- und Gesundheits-Anlagen (DSSV) (Hrsg.). (2018). *Existenzgründung – Allgemeine Informationen – Kostenrichtwerte.* Zugriff am 16.11.2018. Verfügbar unter https://www.dssv.de/existenzgruendung/allgemeine-informationen/kostenrichtwerte/

FIW Forschungs-Institut Würtenberger (Hrsg.). (2016). *M-A-R-S 2015/2016 – Markt-Aktivitäten-Reichweiten-Studie.* Ettlingen: bodyLIFE.

Dunker, M. (2006). *Marketing* (2. Aufl.). Rinteln: Merkur.

Fandel, G., Fey, A., Heuft, B. & Pitz, T. (2004). *Kostenrechnung* (Springer-Lehrbuch, 2., aktual. und erw. Aufl.). Berlin: Springer.

Freter, H. (2008). *Markt- und Kundensegmentierung. Kundenorientierte Markterfassung und –bearbeitung* (Kohlhammer Edition Marketing, 2. Aufl.). Stuttgart: Kohlhammer.

GfK (Hrsg.). (2018). *Kaufkraft Deutschland 2018 – Kaufkraft der Deutschen steigt 2018 um 2,8 Prozent.* Zugriff am 21.11.2018. Verfügbar unter https://www.gfk.com/de/insights/press-release/kaufkraft-der-deutschen-steigt-2018/

GfK Geomarketing (Hrsg.). (2008). *GfK Kaufkraft nach Altersklassen 2008 – Marktchancen leicht erkannt.* Zugriff am 17.11.2018. Verfügbar unter http://www.gfk-geomarketing.de/fileadmin/gfkgeomarketing/de/gfk_geomarketing_news/0208_gfk_geomarketing_news.pdf

Heinze, R. & Römmelt, B. (2011). Standortentscheidungen in der Fitnessbranche. *Sciamus – Sport und Management* (Themenheft Ausgewählte Managementprobleme in Fitnessstudios), 6-16.

Industrie- und Handelskammer Frankfurt am Main (Hrsg.). (2018). *IHK-Bezirk Frankfurt in Zahlen 2017/2018*. Zugriff am 22.11.2018. Verfügbar unter https://www.frankfurt-main.ihk.de/images/broschueren/IHK-Bezirk%20Frankfurt%20in%20Zahlen%202017-2018.pdf

Kotler, P. & Bliemel, F. (2006). *Marketing-Management. Analyse, Planung und Verwirklichung* (10., überarb. und aktualisierte Aufl.). München: Pearson.

Macha, R. (2010). *Grundlagen der Kosten- und Leistungsrechnung* (Vahlens Lernbücher, 5., überarb. Aufl.). München: Vahlen.

Meffert, H., Burmann, C. & Kirchgeorg, M. (2012). *Marketing. Grundlagen marktorientierter Unternehmensführung* (11., überarb. und erw. Aufl.). Wiesbaden: Springer Gabler.

Nieschlag, R., Dichtl, E. & Hörschgen, H. (2002). *Marketing* (19. Aufl.). Berlin: Dunker & Humbolt.

Olfert, K. & Reichel, C. (2003). *Finanzierung* (Kompendium der praktischen Betriebswirtschaft, 12., aktualisierte und erweiterte Aufl.). Ludwigshafen (Rhein): Kiehl.

OpenRouteService (Hrsg.). (2018). *Services – Isochrones*. Zugriff am 11.11.2018. Verfügbar unter https://maps.openrouteservice.org/reach?n1=50.092834&n2=8.655853&n3=11&a=50.102781,8.680924&b=0&i=0&j1=15&j2=8&k1=en-US&k2=km

Pepels, W. (2012). *Handbuch des Marketing* (6. Aufl.). München: Oldenbourg.

Preißler, P. R. (2008). *Betriebswirtschaftliche Kennzahlen. Formeln, Aussagekraft, Sollwerte, Ermittlungsintervalle*. München: Oldenbourg.

Ströer (Hrsg.). (2018). *Plakatkostenplaner*. Zugriff am 22.11.2018. Verfügbar unter http://plakatkostenplaner.tools.stroeer.de/#/results

Thommen, J.-P. & Achleitner, A.-K. (2012). *Allgemeine Betriebswirtschaftslehre. Umfassende Einführung aus managementorientierter Sicht* (7., vollst. überarb. Aufl.). Wiesbaden: Springer Gabler.

Wöhe, G. & Döring, U. (2005). *Einführung in die allgemeine Betriebswirtschaftslehre* (Vahlens Handbücher der Wirtschafts- und Sozialwissenschaften, 22., vollst. neubearb. Aufl.). München: Vahlen.

Zertifizierungsstelle der BSA-Akademie (BSA-Zert) (Hrsg.). (2018). *Dienstleistungszertifizierung - Zertifizierungsgebühren ZertFit*. Zugriff am 17.11.2018. Verfügbar unter https://www.bsa-zert.de/dienstleistungszertifizierung/zertifizierungsgebuehren/

Zimmermann, M. (2002). *Standortplanung für Dienstleistungsunternehmen: Das Beispiel multifunktionaler Sportanlagen.* Wiesbaden: Deutscher Universitäts-Verlag.

12 Abbildungs- und Tabellenverzeichnis

12.1 Abbildungsverzeichnis

12.2 Tabellenverzeichnis

Anhang

Anhang 1:

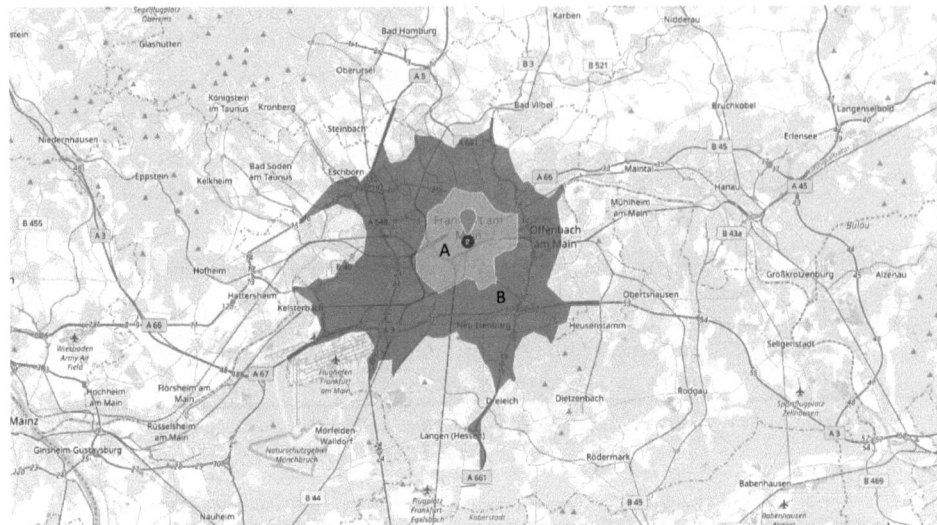

Abb. 3: Unmittelbares Einzugsgebiet (Marktgebiet I: bis 8 min Fahrtzeit) und mittelbares Einzugsgebiet (Marktgebiet II: bis 15 min Fahrtzeit) nach der Zeit-Distanz-Methode im Maßstab 1:300.000 (Quelle: OpenRouteService.org, 2018), Legende: Blauer Wegpunkt: Ergebnis der Standortwahl für das Modellunternehmen in Frankfurt Sachsenhausen-Nord, Grüne Zone: Marktgebiet I, Rote Zone: Marktgebiet II

Anhang 2:

Abb. 4: Firmenname, Firmenzeichen und Logo von Healthy Fitness Frankfurt Sachsenhausen-Nord

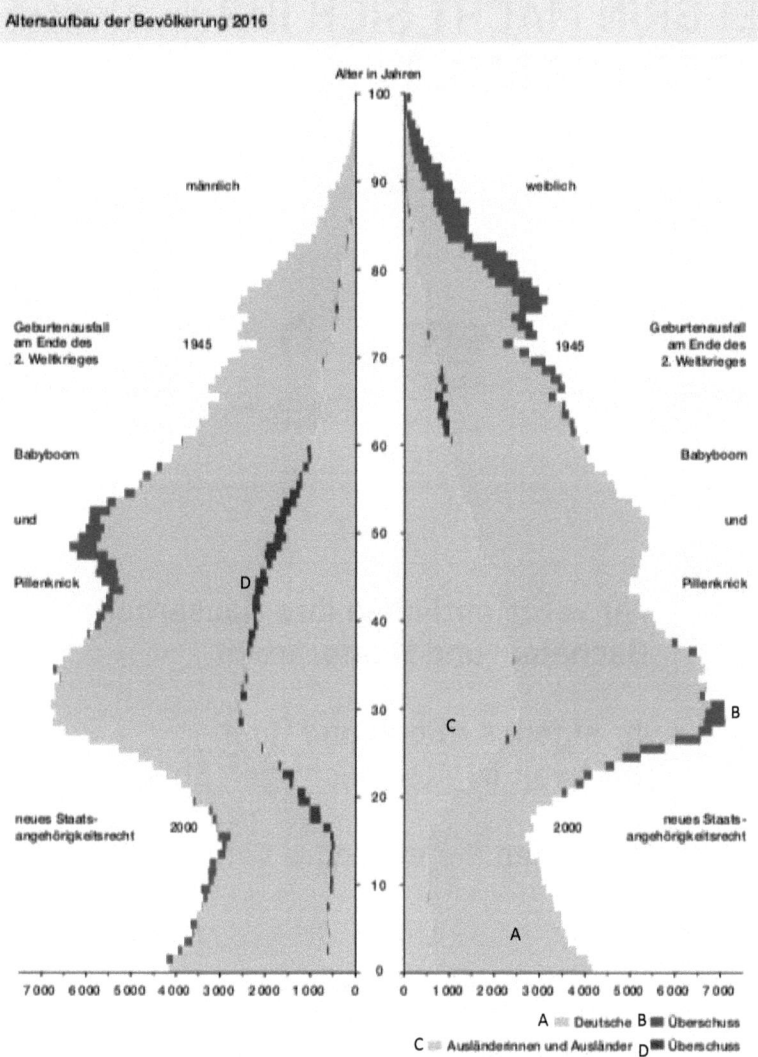

Abb. 5: Altersverteilung der Bevölkerung 2016 in Frankfurt am Main / Melderegister (Bürgeramt, 2017)